WIDMUNG

H. Jackson Brown Jr.

Gedanken zu einem positiven Leben

aus

Life's Little Instruction Book

mit 15 Farbfotos

Lichtquellen

Quellen-Verlag
St.Gallen

EINFÜHRUNG

Dieses Buch ist ursprünglich ein Geschenk an meinen Sohn Adam. Als er seine Stereoanlage, Schreibmaschine, seinen Anzug und anderen Krimskrams zusammenpackte, um an die Uni zu gehen, zog ich mich in mein Arbeitszimmer zurück, um ein paar Ratschläge aufzuschreiben, von denen ich glaubte, sie könnten für seinen neuen Lebensabschnitt nützlich sein.

Vor Jahren hatte ich einmal gelesen, dass es nicht zur Pflicht der Eltern gehöre, ihren Kindern den Weg zu ebnen, aber ihnen eine Strassenkarte zu geben. Mit diesem Gedanken im Hinterkopf setzte ich mich also hin und begann zu schreiben. Ich glaubte, nur ein paar Stunden zu benötigen, aber es dauerte mehrere Tage. Ich suchte meine handgeschriebenen Notizen zusammen, tippte sie ab und klemmte sie in einen Ordner, dann ging ich in die Garage und legte ihn unter den Vordersitz meines Wagens.

Ein paar Tage später halfen Adams Mutter und ich ihm beim Umzug. Als alles verstaut war, forderte ich ihn auf, mit mir auf den Parkplatz zu kommen – die Zeit für die Übergabe war da. Ich zog die Papiere unter dem Autositz hervor und sagte, dass dies eine Art Zusammenfassung dessen sei, von dem ich glaube, dass es zu einem glücklichen und befriedigenden Leben verhelfe. Er umarmte mich und schüttelte mir die Hand. Dies war ein ganz besonderer Augenblick.

Nun, irgendwie wurden dann diese handgetippten Seiten zu dem Buch, das Sie nun in

Händen halten. Wahrscheinlich sind Sie nicht mit allem einverstanden und könnten – aufgrund Ihrer eigenen Lebenserfahrung – sicherlich ein weiteres Hundert Ratschläge beifügen. Einige der Ratschläge sind wichtiger als andere, aber allen ist gemeinsam, dass sie dazu beitrugen, meinem Leben mehr Freude und Sinn zu geben.

Ein paar Tage nachdem ich Adam das Paket gegeben hatte, rief er mich an. «Vater», sagte er, «ich habe das Büchlein mit Deinen Lebensweisheiten gelesen, und es ist eines der schönsten Geschenke, das ich je erhalten habe. Ich werde es ergänzen und eines Tages meinem Sohn weitergeben.»

Ab und zu gibt es im Leben Momente, die so kostbar und schön sind, dass einem richtig warm ums Herz wird. Ich wusste, einen solchen Moment hatte ich eben erlebt.

Autor H. Jackson Brown Jr.
mit Sohn Adam

1. Verliere keine Zeit mit unwichtigen Angelegenheiten. Lerne das Wichtige vom Unwichtigen zu unterscheiden.

BUNTKUPFERKIES
Deutschland

2 • Gewöhne Dir einen festen Händedruck an.

3 • Versuch Dich immer wieder zu verbessern.

4 • Benutze ein Fahrrad.

5 • Hab keine Angst zuzugeben, dass Du etwas nicht weisst.

6 • Kritisiere nicht jene, die Dir Dein Salär zahlen. Bist Du unzufrieden mit Deiner Arbeit, kündige.

7 • Hüte Dich vor Menschen, die nichts zu verlieren haben.

8 • Verfalle nicht der Spielsucht.

9 • Sprich nicht hinter dem Rücken anderer.

10 • Lies Deinen Kindern vor.

11 • Nimm an Klassentreffen teil.

12 • Gib Deine Fehler zu.

13 • Unterstütze die Forderung nach gleichem Lohn für gleiche Arbeit.

14 • Schlage nie eine entgegengestreckte Hand aus.

15 • Wenn Du lange gearbeitet hast, um etwas zu erreichen, dann nimm Dir auch die Zeit, das Erreichte zu geniessen.

16 • Habe keine Angst zuzugeben, dass Dir etwas leid tut.

17 • Respektiere die Privatsphäre Deiner Kinder und klopfe an ihre Tür, bevor Du eintrittst.

18 · Lass Dich nicht durch den ersten Eindruck täuschen.

19 · Sieh zu, dass Du in guter Gesellschaft bist.

20 · Erweise allem, was Leben hat, Respekt.

21 · Hab eine harte Schale, aber einen weichen Kern.

22 · Schlag nie zum vornherein ein Angebot aus, auch wenn Du zunächst wenig daran interessiert bist.

23 · Verpasse keine Gelegenheit,
Deine Mitarbeiterinnen und Mitarbeiter
zu loben.

24 · Leg Dich ab und zu hin,
um den Sternenhimmel zu betrachten.

25 · Wenn Leute ihre Erlebnisse erzählen,
versuche nicht, sie mit Deinen eigenen
Erlebnissen zu übertrumpfen.

VANADINIT
Jugoslawien

26 · Versuche täglich, Deine Ehe noch etwas schöner zu gestalten.

27 · Plane keinen langen Abend mit jemandem, den Du nicht kennst. Ein Treffen zum Mittagessen ist gerade richtig. Wenn die Erwartungen nicht eintreffen,
habt ihr beide nur eine Stunde verloren.

28 · Voraussetzung für eine gute Ehe ist,
die richtige Person zu finden
und selbst die richtige Person zu sein.

29 · Besprich Geldangelegenheiten nie mit Leuten, die wesentlich mehr oder wesentlich weniger Geld besitzen als Du.

30 · Langweile andere Leute nicht mit Deinen Problemen. Fragt Dich jemand, wie Du Dich fühlst, antworte «wunderbar, so gut wie noch nie»; fragt Dich jemand, wie die Geschäfte gehen, antworte «sehr gut, von Tag zu Tag besser».

31 · Sprich Lob öffentlich aus.

32 · Wirklich Bedeutsames ereignet sich nur,
wenn zuvor jemand
ein Risiko eingegangen ist.

33 · Verliere Deine Neugier nicht und frag
immer wieder «warum».

34 · Wenn Du mit etwas Neuem beginnst,
mache Dir keine Sorgen des Geldes
wegen. Beschränkte Mittel sind ein Segen,
kein Fluch. Nichts fördert kreatives
Denken mehr.

35 • Verhilf Dir selbst zu Glück.

36 • Überrasche Deine Freunde mit kleinen, unerwarteten Geschenken.

37 • Beurteile Deine Nachbarn nach deren Umgangsformen.

38 • Trink täglich acht Glas Wasser.

39 • Verschenke alle Kleidungsstücke, die Du in den letzten drei Jahren nicht mehr getragen hast.

40 · Schätze Dich nach Deinem eigenen Maßstab ein und nicht nach dem irgendeines andern Menschen.

41 · Gehst Du auf Reisen, notiere auf einer Karte Deinen Namen, Heimadresse, Telefonnummer, die Anschrift Deines Bestimmungsortes, die eines guten Freundes, sowie wichtige ärztliche Anweisungen und leg die Karte in Deine Brieftasche.

DIOPTAS
Chile

42 · Steh auf, wenn Du jemanden begrüsst.

43 · Wähle Deine Lebenspartnerin sorgfältig – dieser eine Entscheid bringt Dir zu neunzig Prozent Freud oder Leid.

44 · Sei pünktlich und verlange dies auch von anderen.

45 · Mach bei einer sozialen Organisation Deiner Umgebung mit und unterstütze sie grosszügig mit Zeit und Geld.

46 · Bewahre wertvolle Dokumente in einem Bankschliessfach auf.

47 · Sei phantasievoll und romantisch.

48 · Sieh zu, dass Du immer etwas Schönes vor Augen hast – und sei es nur ein Gänseblümchen in einem Marmeladeglas.

49 · Fahre preisgünstige Autos, doch leiste Dir ein gutes Haus.

50 · Verlange gute Leistungen
und sei bereit,
dafür zu bezahlen.

51 · Halte Dir nicht nur eine Katze. Zwei bedeuten mehr Spass und kaum mehr Aufwand.

52 · Lerne nicht nur die Hauptstädte der europäischen Staaten auswendig.

53 · Lass andere an Deinem Erfolg teilhaben.

54 · Tanke in der Umgebung, auch wenn es mehr kostet. Wenn Dein Wagen eines Morgens nicht anspringt, bist Du froh, wenn man Dich dort kennt.

55 · Welchen Raum Du auch immer betrittst – verändere darin etwas, das ihn schöner oder aufgeräumter macht.

56 · Bete nicht um Dinge, sondern um Weisheit und Mut.

57 · Denk daran, dass achtzig Prozent des Erfolges in jedem Beruf darauf beruhen, gut mit Leuten umgehen zu können.

58 · Meide einen Rechtsstreit wie die Pest.

59 · Lern tropfende Wasserhahnen reparieren.

60 · Triff keine Entscheidung, wenn Du wütend bist.

61 · Unterschätze die Kraft der Liebe nicht.

62 · Schalte das Fernsehgerät vor dem Essen ab.

63 · Deine Kinder sollen lernen, Dinge selbst zu bezahlen, auch ihre Fahrzeugversicherung.

64 · Leiste Dir ein gutes Wörterbuch.

65 · Achte auf Wiederverwertung von Zeitungspapier, Flaschen, Metall und Batterien.

66 · Lass andere wissen, für was Du einstehst und für was nicht.

67 · Lass anderer Leute Zweifel gelten.

68 · Gib acht, dass Dein Besitz nicht von Dir selbst Besitz ergreift.

PYRIT
Deutschland

69 • Lass Dir von Deinen Eltern erzählen, wie sie sich kennengelernt haben.

70 • Setz nie Deine Rechtschaffenheit aufs Spiel.

71 • Wenn Du nach Hause kommst, gewöhne Dir an, die Fahrzeugschlüssel und die Geldbörse immer an den gleichen Platz zu legen.

72 • Wenn Kinder Dir zuwinken, winke zurück.

73 · Lerne die Sprache, von der Du annimmst, dass sie künftig in Deiner Umgebung vermehrt gesprochen wird.

74 · Zeige Kindern Deine Zuneigung, auch wenn Du sie gerade rügen musstest.

75 · Verlange Rabatt, wenn Du bar bezahlst.

76 · Frag um eine Lohnerhöhung, wenn Du glaubst, sie verdient zu haben.

77 · Meide den Besuch von Nachtclubs.

78 · Verpasse nie eine Gelegenheit, jemandem zu sagen, dass Du ihn magst.

79 · Beginne jeden Tag mit Deiner Lieblingsmusik.

80 · Halte stets Papier und Bleistift neben dem Bett bereit. Jahrhundertideen fallen einem bisweilen nachts um drei Uhr ein.

81 · Sag nie jemandem, er sehe müde oder deprimiert aus.

82 · Wenn das Ende einer romantischen Beziehung zur Sprache kommt, sag einfach, es sei Deine Schuld gewesen.

83 · Sei der beste Freund Deiner Frau.

84 · Sag Deinen Kindern oft, wie grossartig sie sind und dass Du ihnen vertraust.

85 · Trage Sorge zu denen, die Dich lieben.

86 · Ein freundliches Wort bei Arbeitsbeginn ist wie ein Sonnenstrahl.

87 · Wirklich grosse Ideen stammen nicht von Komitees, sondern von Einzelnen.

88 · Lies wieder einmal Dein Lieblingsbuch.

89 · Erkenne die Gelegenheit, wenn Lob und Anerkennung angebracht sind.

90 · Denk daran, dass Sieger das tun, was Verlierer nicht tun wollen.

91 · Miss Deinen Erfolg daran, wieviel Dir Friede, Gesundheit und Liebe wert sind.

92 • Verschwende weder Zeit noch Worte leichtsinnig. Beides kann nicht wieder zurückgenommen werden.

93 • Lerne ausser Deiner eigenen noch drei andere Religionen kennen.

94 • Setze Dir kurzfristige und langfristige Ziele.

95 • Versuche täglich, Deinen Job noch etwas besser zu machen

96 • «Gut genug» ist nicht genügend.

97 · Nach einem Streit mit Deiner Frau versöhne Dich mit ihr, bevor Du das Haus verlässt.

98 · Wenn Du vor einer schwierigen Aufgabe stehst, verhalte Dich ruhig und positiv.

99 · Sei offen gegenüber neuen Ideen.

100 · Lerne Begeisterung zu zeigen, auch wenn Dir nicht danach ist.

101 · Sprich nicht mit andern über Löhne.

FUCHSIT
Italien

102 • Bewahre den Reserve-Fahrzeugschlüssel in Deiner Geldbörse auf.

103 • Trage nie einen Hut, wenn Du Lift fährst oder eine Frau küsst.

104 • Verlange bei Lohnverhandlungen zehn Prozent mehr als das, was Du Dir vorgestellt hast.

105 • Bezahle nie eine Arbeit, die noch nicht beendet ist.

106 · Im Berufs- und Familienleben ist das gegenseitige Vertrauen die wichtigste Voraussetzung.

107 · Trage Sorge zu Deinem Ruf. Er ist Dein grösstes Vermögen.

108 · Wenn Du und Deine Frau uneins seid, dann bitt sie um Entschuldigung, egal, wer unrecht hat. Sag «Tut mir leid, dass ich dich aufgebracht habe; verzeihst du mir?» Das sind heilsame, magische Worte.

109 · Habe ein angenehmes Auftreten. Trete zielsicher und vertrauensvoll auf.

110 · Versäume nicht, Deinen Kindern zuzuhören.

111 · Wenn jemand für Dich einen Auftrag ausgeführt hat und nicht weiss, was er dafür verlangen soll, frag ihn, was er selbst als faire Bezahlung erachten würde.

112 · Erwarte nicht, dass man Deinen Rat befolgt.

113 · Suche eine Arbeit, die mit Deinen Lebensidealen übereinstimmt.

114 · Betrachte Probleme als Chance, zu wachsen und Dich zu überwinden.

115 · Kaufe kein billiges Werkzeug.

116 · Sage andern nicht, wie sie's machen sollen, sondern was gemacht werden soll.

117 · Mach alles das erstemal schon richtig.

118 · Lass alles etwas besser zurück, als Du es angetroffen hast.

119 · Dein Verstand kann gleichzeitig nur einen einzigen Gedanken festhalten. Mach, dass es ein aufbauender, schöpferischer Gedanke ist.

120 · Wenn Du Deinen Traumjob gefunden hast, nimm ihn an, auch wenn die Bezahlung im Moment nicht ganz Deinen Vorstellungen entspricht.

121 · Ein höherer Preis bedeutet nicht immer bessere Qualität.

122 · Sei mutig oder gib vor, es zu sein. Niemand wird den Unterschied bemerken.

123 · Erkenne, worauf es ankommt im Leben. Noch niemand hat auf seinem Sterbebett gesagt: «Ach hätte ich doch mehr Zeit im Büro verbracht!»

ACHAT / HOLZSTEIN
Argentinien

124 · Gewöhne Dir an, andern Liebenswürdigkeiten zu erweisen, ohne dass sie merken, von wem sie sind.

125 · Hör Dir immer beide Seiten an, bevor Du urteilst.

126 · Lerne maschinenschreiben.

127 · Konzentriere Dich darauf, Dinge besser zu machen, nicht grösser.

128 · Bleib offen, flexibel und neugierig.

129 · Übe Dein Stimm- und Wahlrecht aus.

130 · Sei der Erste beim Grüssen.

131 · Gib fünf Prozent Deines Einkommens für wohltätige Zwecke aus.

132 · Geh unbekümmert Deinen Weg.

133 · Sei zuvorkommend im Strassenverkehr.

134 · Denk daran, dass Du im Leben mehr Dinge bereust, die Du nicht gemacht hast, als solche, die Du gemacht hast.

135 · Versuche, Geld auf die Seite zu legen, dies ist die Voraussetzung für Erfolg.

136 · Hole Dir ein Haustier im Tierheim, nicht in der Zoohandlung.

137 · Telefoniere oft Deiner Mutter.

138 · Lass Dich nicht zu einer vorschnellen Entscheidung drängen. Man wird Verständnis dafür haben, wenn Du Bedenkzeit willst.

139 • Kauf bei jenen, die auch bei Dir kaufen.

140 • Hege hohe Wünsche, aber freu Dich auch an Kleinem.

141 • Freuden soll man nicht verschieben.

142 • Unterstütze das Rote Kreuz.

143 • Erwarte nicht, dass Geld Glück bringt.

144 • Pflege Deinen Wortschatz.

145 • Lerne Reifen an Deinem Fahrzeug selbst auszuwechseln.

146 · Rühme das Essen, wenn Du bei jemandem eingeladen bist.

147 · Fall andern nicht ins Wort.

148 · Benütze Dein Silberbesteck auch werktags.

149 · Hüte Dich vor Neid, der Ursache vielen Übels.

150 · Lerne etwas Schönes und Kreatives mit Deinen Händen zu gestalten.

151 · Lass Dir von niemandem den eingeschlagenen Weg ausreden, wenn Du von einer grossen Idee überzeugt bist.

152 · Trag teure Schuhe, Gürtel und Krawatten, aber ersteh sie im Ausverkauf.

153 · Vermeide den Gebrauch von Wegwerfgeschirr.

154 · Übe Dich im Einfühlungsvermögen und versuche, die Dinge aus der Sicht anderer zu sehen.

155 · Unter Dein Bett und in Dein Auto gehören eine Taschenlampe und Ersatzbatterien.

156 · Wenn immer Du mit Geschäftsfreunden oder Mitarbeitern zum Essen gehst, trinke nicht mehr als einen Cocktail oder ein Glas Wein, oder trinke gar keinen Alkohol, wenn niemand sonst trinkt.

157 · Meide Leute mit negativer Lebenseinstellung.

TONSCHIEFER
Schweiz

158 · Denke daran, niemand kann alles alleine machen. Sei grosszügig und spende Anerkennung denen, die Dir helfen.

159 · Nutze die erste Chance, einen guten Eindruck zu hinterlassen; man gibt Dir keine zweite.

160 · Vergiss nie Deinen Hochzeitstag.

161 · Lerne Dich zu beherrschen.

162 · Nimm in jedem Menschen das Gute wahr.

163 · Lachen ist gesund: Sinn für Humor hilft in fast allen Lebenslagen.

164 · Bezahle Deine Rechnungen rechtzeitig.

165 · Streite nie mit Polizisten.

166 · Schliess Bekanntschaft mit einem Rechtsanwalt, einem Buchhalter und einem Klempner.

167 · Lerne drei stubenreine Witze auswendig.

168 · Stell Deine Uhr fünf Minuten vor.

169 · Überschätze nicht Deine Fähigkeit, andere zu ändern.

170 · Übertrage Deine Begeisterung auf Deine Kunden.

171 · Unterschätze die Kraft des Verzeihens nicht.

172 · Verschwende keine Zeit damit, Deinen Kritikern zu antworten.

173 · Wenn Du jemanden kennen lernst, frag nicht, womit er sein Geld verdient, sondern geniess seine Gesellschaft vorbehaltlos.

174 · Merke Dir die Namen der Leute, mit denen Du zusammenkommst.

175 · Sieh zu, in Deinen Kindern ein gesundes Selbstvertrauen aufzubauen. Dies ist die ideale Voraussetzung für ihren zukünftigen Erfolg.

176 · Werde Mitglied eines Sportclubs.

177 · Benütze Kreditkarten nur als Zahlungsmittel, nicht aber für Vorschusskredite.

178 · Lächle oft. Es kostet nichts und ist unbezahlbar.

179 · Lerne die Namen der Blumen, Vögel und Bäume Deiner Umgebung.

180 · Versuche nicht, das Leben anderer zu bevormunden.

181 · Wenn Du mit Kindern spielst, lass sie gewinnen.

182 · Lerne nein sagen, höflich und prompt.

183 · Mache jeden Tag drei Leuten ein Kompliment.

184 · Kritisiere nicht in der Öffentlichkeit.

185 · Verlange für alle Reparaturen einen schriftlichen Kostenvoranschlag.

186 · Lerne ein Geheimnis wahren.

187 · Führe ein Tagebuch.

188 · Sei taktvoll. Stelle niemanden absichtlich bloss.

AZURIT
Frankreich

189 • Lerne mit einem Computer umzugehen.

190 • Kauf Dir eine gute Stereoanlage.

191 • Habe stets mehrere Eisen im Feuer.

192 • Verzeih Dir selbst und andern.

193 • Lerne Schmerz und Enttäuschung
als Teil des Lebens zu akzeptieren.

194 • Hinterlasse immer höfliche
und klare Anweisungen auf Deinem
Telefonbeantworter.

195 • Beginne Sitzungen pünktlich, egal wer fehlt.

196 • Lerne eine Krawatte binden.

197 • Sag «bitte», wenn Du etwas wünschest.

198 • Heirate nur aus Liebe.

199 • Lerne auch manuell geschaltete Autos zu fahren.

200 • Sei bereit, einen Kampf zu verlieren, um dafür einen Krieg zu gewinnen.

201 · Nimm Dir auf Deinem Weg durch die Stadt Zeit, historische Tafeln zu lesen.

202 · Besuche einen Tanzkurs.

203 · Kauf Dein Gemüse direkt vom Bauern.

204 · Lebe nie über Deine Verhältnisse.

205 · Gib nie Deinen Traum auf. Leute mit grossen Träumen erreichen mehr als sogenannte Realisten.

206 · Wenn Kinder etwas verkaufen, unterstütze sie.

207 · Versuche aus Eigeninitiative zu arbeiten.

208 · Lerne ein Musikinstrument spielen.

209 · Hast Du eine gute Idee, führe sie sofort aus. Es könnte sein, dass jemand anderer die gleiche Idee hat. Der Erfolg gehört dem, der sie zuerst ausführt.

210 · Leiste mehr, als man von Dir erwartet.

211 · Vergiss anderer Leute Geburtstage nicht.

212 · Lerne eine gute Gemüsesuppe zuzubereiten.

213 · Halte Dir einen Hund.

214 · Stell dich dem Filialleiter Deiner Bank vor, denn es kann wichtig sein, dass er Dich persönlich kennt.

215 · Bemühe Dich, Fröhlichkeit auszustrahlen, auch wenn Dir nicht danach zumute ist.

216 · Zögere nicht, sofort um Hilfe zu bitten, wenn Du sie brauchst.

217 · Lieber zu viel als zu wenig danken.

218 · Halte Feuerlöscher in Küche und im Fahrzeug griffbereit.

219 · Halte die Ohren offen. Chancen machen sich manchmal ganz leise bemerkbar.

220 · Bemiss die Leute nach ihrer Grosszügigkeit und nicht nach der Höhe ihres Bankkontos.

QUARZ / NADELKRISTALL
Peru

221 · Die einzig nötige Antwort auf ein Kompliment ist ein ehrliches Danke.

222 · Säe jeden Frühling Blumen.

223 · Lies die Bibel von vorne bis hinten und setz Dir als Zeitlimite ein Jahr.

224 · Bemühe Dich um tadellose Manieren.

225 · Versuche 24 Stunden lang nichts und niemand zu kritisieren – einfach, damit Du wieder weisst, wie das ist.

226 · Überleg's Dir gut, bevor Du Freunden Geld leihst. Du könntest beides verlieren.

227 · Geh mit Deinem Hund in einen Dressurkurs. Ihr werdet beide davon profitieren.

228 · Geh regelmässig zur ärztlichen Kontrolle.

229 · Park Deinen Wagen beim Einkaufen im Supermarkt weit weg vom Eingang. Der Spaziergang tut Dir gut.

230 · Tadle nicht andere, sondern übernimm selber Verantwortung.

231 · Lästere und fluche nicht.

232 · Halte Dir in der Woche einen Abend frei nur für Dich und Deine Frau.

233 · Erledige Dankschreiben umgehend.

234 · Werde die positivste und begeisterungsfähigste Person, die Du kennst.

235 · Sei nicht knausrig, nur um
Deinen Kindern einen Haufen Geld
zu hinterlassen.

236 · Um Champagner zu trinken,
braucht es nicht immer einen Grund.

237 · Sei freundlicher als unbedingt notwendig.

238 · Überprüfe hin und wieder Deine Ziele,
ob sie für Dich noch stimmen.

239 · Lass Deine Kinder mithören, wenn Du sie gegenüber anderen Erwachsenen lobst.

240 · Gib Deinen Mitmenschen eine zweite Chance, aber keine dritte.

241 · Vermeide Ratschläge betreffend Finanzen, Frauen und Frisuren.

242 · Sei besonders aufmerksam und geduldig im Umgang mit älteren Leuten.

243 · Lerne begreifen, dass Glück
nicht durch Besitz,
Macht oder Prestige entsteht,
sondern allein durch
Beziehungen mit Menschen,
die Du liebst und respektierst.

244 · Halte eine gute Gesundheit nicht für etwas Selbstverständliches.

245 · Spekulier an der Börse nicht mit mehr Geld, als Du Dir zu verlieren leisten kannst.

246 · Stecke Dir hohe Ziele.

247 · Sei ein guter Verlierer, aber auch ein guter Gewinner.

AMETHYST
Brasilien

248 · Respektiere die Zeit anderer. Telefoniere ihnen, wenn Du Dich um mehr als zehn Minuten verspätest.

249 · Triff Entscheidungen, selbst wenn es mitunter Fehlentscheidungen sind.

250 · Halte Deine Versprechen.

251 · Statt Dich selber zu bemitleiden, tu lieber jemandem etwas Gutes, der schlechter dran ist als Du.

252 • Tätige Einkäufe auf die altmodische Art – spare zuerst und bezahle bar.

253 • Gib nie jemanden auf; jeden Tag kann ein Wunder geschehen.

254 • Lerne, Musik von Chopin, Mozart und Beethoven auseinanderzuhalten.

255 • Sieh Deine alten Fotos durch, häng zehn davon in die Küche und wechsle sie jeden Monat aus.

256 · Kauf gute Bücher, auch wenn Du nicht zum Lesen kommst.

257 · Kündige Deine Stelle nicht, bevor Du eine andere hast.

258 · Kaufe im Laden um die Ecke, auch wenn's ein bisschen teurer ist.

259 · Vergiss nicht: das höchste aller Gefühle für einen Menschen ist, dass er anerkannt und geschätzt wird.

260 • Verliere keine Zeit, über vergangene Fehler nachzubrüten. Lerne aus ihnen und gehe vorwärts.

261 • Besprich mit Deiner Familie, was zu tun ist, wenn im Haus Feuer ausbricht.

262 • Lass Dich nicht in angetrunkenem Zustand sehen.

263 • Wenn Du schon kämpfen musst, schlag zuerst und schlage kräftig.

264 · Frage einen Rechtsanwalt oder Buchhalter nie um Rat. Solche Leute sind darauf spezialisiert, Probleme nicht zu lösen, sondern zu erfinden.

265 · Bei Möbeln und Kleidung ist auf längere Sicht das Beste am billigsten.

266 · Besuche Freunde und Verwandte, wenn sie im Spital sind. Du benötigst für den Besuch nur kurze Zeit.

267 · Sei in bescheidenen Lokalen besonders grosszügig mit Trinkgeld.

268 · Sei bereit, hie und da auch zu verlieren.

269 · Geh rechtzeitig zur Arbeit und arbeite abends etwas länger.

270 · Finde einen andern Weg, um Deine Männlichkeit zu beweisen,
als auf wehrlose Tiere zu schiessen.

271 • So wie Du selbst behandelt werden möchtest, so behandle auch Deine Mitmenschen, gleichgültig welcher Nation, Religion oder Hautfarbe sie sein mögen.

DIOPTAS
Chile

272 · Scheue Dich nicht zu sagen:
«Ich brauche Hilfe.»

273 · Beobachte mindestens einmal im Jahr einen Sonnenaufgang.

274 · Unterschätze nicht die Kraft guter Worte und Taten.

275 · Mach eine Liste von 25 Dingen, die Du vor Deinem Tod noch erleben willst, und lies sie ab und zu durch.

276 · Besuche Sportanlässe und Theatervorführungen Deiner Kinder.

277 · Kämpfe gegen Vorurteile und Diskrimination, wo immer Du sie antriffst.

278 · Betrachte Dein Leben als Herausforderung und nicht als eine Rechtfertigung.

279 · Unter einem grauen Anzug darfst Du getrost modische Unterwäsche tragen.

280 · Versuche liebenswürdig zu sein, auch wenn Du anderer Meinung bist.

281 · Auch wenn die Situation hoffnungslos erscheint, bleibe ruhig.

282 · Habe Achtung vor Brauchtum und Überlieferung.

283 · Wenn Du willst, dass das Jahr erfolgreich wird, musst Du am ersten Januar damit beginnen.

284 · Zeige Deiner Familie täglich mit Worten und Taten, wie sehr Du sie liebst.

285 · Denke an die drei wichtigsten Dinge, wenn Du ein Heim kaufen willst:
Den Standort, den Standort, den Standort.

286 · Provoziert Dich jemand, antworte ihm erst nach einer Stunde. Handelt es sich um etwas wirklich Wichtiges, schlafe zuerst darüber.

287 • Lerne den vorsichtigen Umgang mit Pistole und Gewehr.

288 • Gewinne neue Freunde, aber pflege die alten Freundschaften.

289 • Verbessere Deine Leistung, indem Du Deine Lebenseinstellung verbesserst.

290 • Denk daran, dass ein Geschäft nicht gelaufen ist, bevor Du das Geld auf der Bank hast.

291 · Möchtest Du Dich selbst ändern, unterschätze die Kraft Deines eigenen Willens nicht.

292 · Stelle Leute an, die tüchtiger sind als Du.

293 · Wisse, wann Du schweigen und wann Du reden musst.

294 · Kauf ein Vogelhäuschen und stell es vors Küchenfenster.

295 · Lass Dich nicht durch Ärzte oder Krankenschwestern einschüchtern. Auch wenn Du im Spital bist, gehört Dein Körper Dir.

296 · Wenn ein Kind hinfällt und sich verletzt, hilf ihm zuerst, dann nimm Dir die Zeit, es zu küssen und zu trösten.

297 · Füll Deinen Tank nach, wenn er nur noch zu einem Viertel voll ist.

BUNTKUPFERKIES
England

298 • Verlier keine Zeit, darüber nachzudenken, wer recht hat, aber nimm Dir mehr Zeit, darüber nachzudenken, was richtig ist.

299 • Tun, was man kann, ist besser als gar nichts tun, nur weil man glaubt, wenig tun zu können.

300 • Entspanne Dich. Lass Dich gehen. Ausser einigen wenigen Ausnahmen ist nichts so wichtig, wie es zuerst scheint.

301 · Lebe so, dass Deine Kinder, wenn sie an Fairness und Integrität denken, sich immer an Dich erinnern.

302 · Versäume ob Deiner Sorgen nicht den Zauber des Augenblicks.

303 · Kaufe nie etwas, nur weil es billig ist.

304 · Ermutige Deine Kinder zu Teilzeitjobs, sobald sie 16 sind.

305 • Lerne eine Bilanz lesen und zu verstehen.

306 • Wenn Du jemanden triffst, an dessen Namen Du Dich nicht erinnerst, stell Dich selbst mit Namen vor.

307 • Mache jemandem eine Freude durch eine unerwartete Aufmerksamkeit.

308 • Liebe Deine Kinder so, wie sie sind, und nicht nur wenn sie so sind, wie Du sie haben möchtest.

309 · Strassenmusikanten bereichern das Stadtbild. Halte einen Moment inne, höre zu und gib eine kleine Spende.

310 · Wer über Nacht reich geworden zu sein scheint, hat in der Regel 15 Jahre dazu gebraucht.

311 · Wenn Du mit Leuten von der Presse sprichst, denke daran, dass sie immer das letzte Wort haben.

312 • Sei ein Individualist.

313 • Kümmere Dich selber um Deine Einstellung zum Leben und lass Dir diese nicht von anderen aufzwingen.

314 • Mache keine Geschenke mit Hintergedanken.

315 • Nimm keinem Menschen die Hoffnung; vielleicht ist sie das letzte, was er hat.

316 · Lies genau durch, was Du zu unterschreiben hast. Oft verspricht das Fettgedruckte mehr, als das Kleingedruckte hält.

317 · Sei bescheiden. Es wurde schon viel vollbracht, bevor Du geboren warst.

318 · Richte Dein Streben mehr auf ein erfülltes als auf ein langes Leben aus.

319 · Kauf nie ein Haus ohne offenen Kamin.

320 · Reisse Brücken nicht ab. Du wirst erstaunt sein, wie oft Du den gleichen Fluss zu überqueren hast.

321 · Sei Dir bewusst, wie gut es Dir geht.

MALACHIT
Deutschland

322 • Überleg es Dir zweimal, bevor Du einen Freund mit einem Geheimnis belastest.

323 • Auch wenn es Dir finanziell gut geht, sollen Deine Kinder einen Beitrag an ihre Ausbildungskosten leisten.

324 • Bevor Du eine Reise machst, lies Reiseführer.

325 • Sag nie nein zu hausgemachtem Gebäck.

326 · Hast Du zu wenig Zeit, um Deinen Sportclub zu besuchen, mache dafür wenigstens einige Liegestützen.

327 · Habe keine Angst davor zu sagen: «Ich habe einen Fehler gemacht.»

328 · Wenn Du Versammlungen besuchst, setz Dich vorne hin.

329 · Wenn Du eine Aufgabe annimmst, dann führe sie auch zu Ende.

330 • Bevor Du zum Flughafen fährst, ruf an, ob der Abflug pünktlich ist.

331 • Halte Dich an grosse Aufgaben; sie bergen bedeutende Möglichkeiten.

332 • Ein offenes Gespräch bringt manche Beziehung wieder ins Lot.

333 • Nimm Dir vor, künftig immer eine halbe Stunde früher aufzustehen. Aufs Jahr hinaus gibt das siebeneinhalb Tage.

334 • Jede Person, der Du begegnest,
weiss etwas, das Du noch nicht weisst;
lerne von ihr.

335 • Danke Gott vor jeder Mahlzeit.

336 • Suche Dir einen Arzt in Deinem Alter,
damit Ihr zusammen alt werden könnt.

337 • Setze Dich tatkräftig für Deine
Angestellten ein; es ist eine der besten
Investitionen, die Du machen kannst.

338 · Sei nicht nachtragend.

339 · Besuche Deine Hauptstadt und sieh Dir alle Sehenswürdigkeiten an.

340 · Halte Dich fern von Drogen und von Leuten, die sie konsumieren.

341 · Lass Dich nicht täuschen:
Wenn etwas zu schön ist, um wahr zu sein, dann ist es wahrscheinlich so.

CHRYSOKOLL
Mexiko

342 · Das Rezept für Erfolg? Geschicklichkeit, Erholungspausen und Mut.

343 · Lerne Belanglosigkeiten zu erkennen, und dann vergiss sie.

344 · Verschiebe nichts auf morgen, erledige die Dinge, wenn sie gemacht werden müssen.

345 · Versuche, auch aus unangenehmen Situationen das Beste zu machen.

346 · Lebe Dein Leben so, dass Deine Grabinschrift lauten könnte: «Nichts zu bereuen.»

347 · Erstrebe Qualität, nicht Perfektion.

348 · Schätze jeden, der für seinen Lebensunterhalt arbeitet, unabhängig davon, wie bedeutend seine Arbeit ist.

349 · Besuche einen Erstehilfekurs.

350 · Mache alles auf die möglichst einfache Art und Weise.

351 · Traue keinem Politiker.

352 · Erstelle ein Testament und informiere einen Vertrauten, wo es zu finden ist.

353 · Lehre Deine Kinder den Wert des Geldes richtig einzuschätzen und wie wichtig es ist, Geld zu sparen.

354 · Trage Deinen Erfolg nicht zur Schau, aber suche Dich auch nicht dafür zu entschuldigen.

355 · Hole bei ernsthafter Erkrankung die Meinung mindestens dreier Ärzte ein.

356 · Freu Dich auch am Erfolg anderer.

357 · Beiss Dich auf die Zunge, wenn Du das Gefühl hast, Deine Eltern, Kinder oder Deine Frau kritisieren zu müssen.

358 • Lass Dir während der Arbeit nicht anmerken, wenn Du müde, verärgert oder gelangweilt bist.

359 • Denk daran, dass alle Medienberichte von irgendeiner Seite beeinflusst sind.

360 • Sage nie, Du hättest zu wenig Zeit. Du hast genau soviele Stunden pro Tag zur Verfügung, wie Michelangelo, Albert Einstein oder Leonardo da Vinci sie gehabt haben.

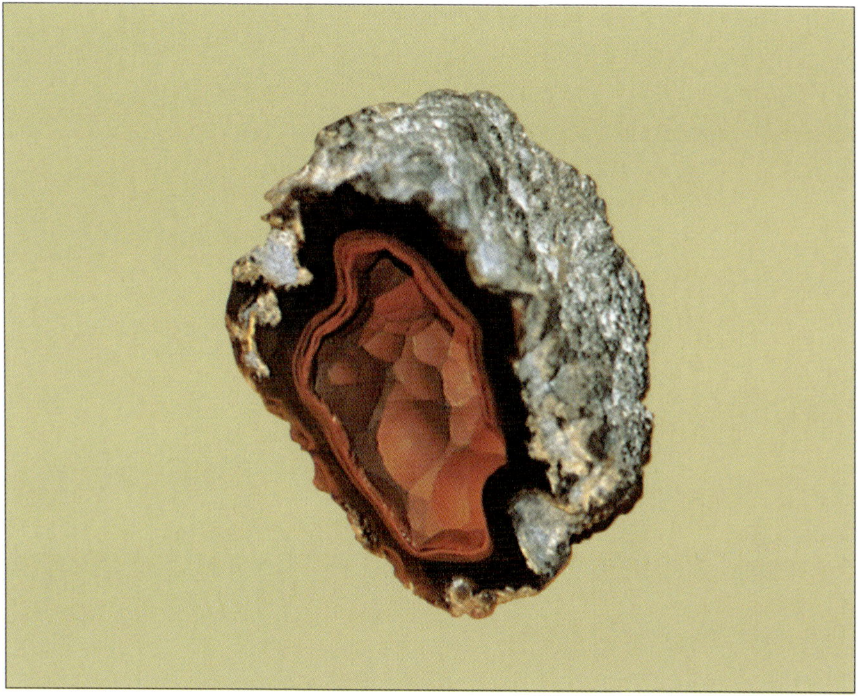

DRUSE / EISENOXYD
Argentinien

361 • Mach Familienferien, auch wenn Du es Dir fast nicht leisten kannst. Die Erinnerungen daran sind unbezahlbar.

362 • Sei da für andere, wenn sie Dich nötig haben.

363 • Suche Gelegenheiten, andern Leuten den Eindruck zu vermitteln, dass man sie nötig hat und schätzt.

364 • Erwarte nicht vom Leben, dass es fair sei.

365 · Verzweifle nicht, wenn
Du Deinen Kindern nicht
das Beste von allem
bieten kannst.
Gib ihnen einfach das Beste
von Dir selbst.

PERSÖNLICHE GEDANKEN

PERSÖNLICHE GEDANKEN

Gestaltung und Fotos: Eugen Hettinger

Übersetzung: Barbara Gnaegi

6. Auflage

In der Reihe Lichtquellen und in gleicher Aufmachung sind bisher erschienen:

365 Beobachtungen und Ratschläge für ein sinnvolles Leben von Jackson Brown

366 weitere Anregungen für ein sinnvolles Leben von Jackson Brown. BAND 2.

Ausgewählte Bibeltexte mit Schlagwortverzeichnis und Zeugnis grosser Menschen